(Par le marquis de La Gervaisais.)

(Par le marquis de La Gervaisais.)

LES BESOINS

ET

LES DROITS.

L'État doit à tous les citoyens, une subsistance assurée, un vêtement convenable, et un genre de vie qui ne soit point contraire à la santé. (*Esprit des Lois*, liv. 23, ch. 29.)

A PARIS,

A. PIHAN DELAFOREST,

IMPRIMEUR DE LA COUR DE CASSATION,

RUE DES NOYERS, N° 37.

1832.

Le pacte social est fondé sur la liberté et la sécurité de chaque membre ; d'où provient le droit indéfini de l'emploi de ses moyens, et par suite le droit de propriété de leurs produits. Si la société n'a pu restreindre l'usage des facultés, il est évident que la possession acquise par leur exercice est inviolable.

Mais les institutions morales et civiles doivent tendre à arrêter son extension, toutefois sans oppression individuelle, qui attaquerait la liberté, et sans prescription rétroactive, qui détruirait la sécurité.

Les remèdes appropriés aux circonstances semblent être de décharger de tout impôt le nécessaire absolu, et de charger le superflu dans une progression accroissante.

. . . .

Lorsque chacun avait à peu près son nécessaire naturel, lorsque l'impôt était limité dans ses emplois et consacré au bien de tous, il était simple que chacun contribuât proportionnellement à ses ressources.

Aujourd'hui, que le nécessaire de plusieurs millions d'hommes est rarement satisfait ; aujourd'hui, que l'accroissement énorme de l'impôt tourne presque entièrement à l'avantage de quelques-uns, on ne doit pas exiger une subvention de la part des premiers.

Sans doute, l'abus de la propriété fondée sur l'achat, ou le travail, doit être respecté ; mais aussi, l'abus de l'impôt qui en dérive, se rencontre maintenant. L'un doit être balancé par l'autre : l'abus de l'impôt ne doit pas retomber sur ceux-là même, qu'a déja frappé l'abus de la propriété. (*Les Prédictions de 1790 : 1831.*)

Voici la loi des destinées humaines.

Tout à vie ; tout est en harmonie : rien n'est inerte et stérile. La cause emporte des effets ; le principe implique des conséquences.

Les moyens intellectuels constituent après coup, les droits politiques : les besoins matériels instituent au préalable, les droits sociaux.

Là, l'existence morale, ici l'existence physique, donnent l'un et l'autre titre : le premier qui naît par accident : le second qui existe par essence.

Pourtant les droits sociaux sont sujets à subir des violations ; de tout temps, de toute sorte.

Il leur manque pour se faire valoir, et l'intelligence et l'alliance.

Les droits politiques qui en sont doués, par cela même, ont charge de venir à l'aide.

Tout pour le peuple : l'humanité , l'équité l'ordonnent.

Rien par le peuple : la nécessité , la fatalité le défendent.

Le peuple est inepte à savoir, à vouloir, à pouvoir ; quand on prétend le faire maître, c'est qu'on entend se faire maître de lui.

Ici , apparaît la difficulté.

A part du peuple, le pouvoir doit être : en vue du peuple, le pouvoir doit faire.

L'un est le pupille : l'autre est le tuteur.

Trop communément, le tuteur est infidèle, déloyal.

Ayant en main, la force intellectuelle, la force matérielle, il en abuse, il en use à son bénéfice.

Mais comment parler morale, parler justice, en de
tels temps?

Alors que les habitudes sont effacées chez l'homme, et
que les relations sont altérées d'homme à homme.

Alors que le droit dont l'entente a été tant de fois in -
tervertie, n'a plus de sens.

Alors qu'en l'absence du sentiment religieux, le devoir
est fictif, factice.

En fait de mobiles, rien ne reste que la peur présente,
que les craintes futures.

Et cela même influe à peine. Les présages, les menaces
n'affectent pas l'idée endurcie, l'idée rétrécie, racornie.

« C'est l'ère de vertige.

« Partout, domine quelque système absolu, exclusif.

« Voyez les amis de la religion, les sujets de la légiti-
mité, les cliens de la souveraineté.

« L'humanité est tenue en mépris, ou du moins est
laissée en oubli, d'un bord comme de l'autre.

« Nul ne songe à analiser les élémens sensibles de la société, à apprécier l'état des neuf dixièmes de la population.

« Sous le régime de liberté et d'égalité, au même
degré, c'est un crime, c'est une faute.

« On proclame les droits politiques, dont à peine un
être sur cent est en titre, en état, en goût de faire usage.

« On ne garantit pas les droits sociaux, auxquels une
immense majorité porte un prix ineffable.

« Ainsi se montrent en France, Sparte avec ses Ilotes,
et Rome avec ses esclaves ; les Russes avec leurs serfs, et
les colons avec leurs nègres.

(5)

« Toujours telle caste, appelée par le sort à jouir, travaille à accroître ses jouissances, au prix des souffrances de telle classe, de même appelée à souffrir.

« Or les Ilotes, les serfs respirent aussi l'air de l'égalité, ressentent aussi les élans de la liberté.

« Ils pèsent leur force : ils comptent leur nombre.

« On sait ce qui s'en est ensuivi jadis : on ne sait pas ce qui s'ensuivra désormais. Car le siècle ouvre une ère encore inouïe. » (*La loi des circonstances : 1830.*)

Le monde marche ; tantôt faisant un pas chaque jour, tantôt faisant un saut de jour à autre.

Et allant pas à pas, il avance à coup sûr ; au lieu qu'après quelque saut, il recule souvent.

Au premier cas, le mouvement se donne d'en haut ; la rotation ou la révolution est lente et douce : comme en Toscane et en Danemarck, au 18me siècle, comme en Autriche et en Prusse, au 19me.

Au second cas, le mouvement est donné d'en bas, c'est-à-dire du sein de la classe moyenne : comme en France, à deux époques ; comme en Angleterre autrefois ; et en Belgique, en Pologne, naguères.

Ici, la révolution appelle à l'aide, et excite, par l'exemple, les classes subalternes : ainsi, s'obligeant à payer le prix ; ainsi, s'exposant à courir les risques.

Là, au contraire, la révolution propage les lumières, et répand les secours, les faveurs : n'ayant ainsi rien à craindre, n'étant ainsi engagée que par ses actes même.

Le caractère de la dette s'y rencontre aussi : avéc cette différence en principe, qu'elle est contractée librement ; et celle-ci en résultat, qu'elle est loyalement acquittée.

Qu'on compare l'Allemagne à cinquante ans de

distance : malgré les invasions réitérées , partout l'aisance et l'intelligence se sont accrues et s'accroissent encore , sans que les mœurs soient viciées, sans que les rapports soient brisés.

Or voilà , en deux points, les fins uniques de la société , les vrais signes de la civilisation.

Quant à l'autre sorte de révolution , la dette est obligatoire ; et en droit, comme un retour des services; et en fait, comme un préservatif des périls.

Cependant , elle manque le plus souvent d'être acquittée : soit que le peuple , légitime créancier, montre d'abord des prétentions trop hautes ; et bientôt reprenant ses habitudes , cesse toutes réclamations pour l'instant.

Soit encore, que la classe débitrice , à peine élevée au faîte , grace à son entremise , s'imagine y être parvenue et pouvoir s'y soutenir par ses propres moyens : mettant de côté, et toute gratitude et toute appréhension.

Ecoutez-les : leur dictionnaire n'a que deux mots.

L'un , qu'ils ont fait ronfler à tue tête , *liberté*; l'autre , qu'ils chuchotent à la sourdine, *autorité*.

Et notez comment le sens en est détourné , comment l'entente en est appliquée.

Quant à l'autorité , placée en d'autres mains , c'était le plus saint des devoirs, que de l'attaquer ; placée en leurs mains , c'est le plus sacré des droits , de la défendre.

Ils disaient : citoyens, résistez au pouvoir ; et ils disent : sujets, soumettez-vous à la loi.

Quant à la liberté, d'abord le mot est dépouillé de son épithète d'origine : il n'est rien dit de la liberté civile, pas plus que si elle n'existait pas.

Puis, le mot est surchargé d'un adjectif d'emprunt ; il n'est parlé que de la liberté politique, qui serait mieux désignée sous le nom de la faculté politique.

On ne porte plus en ligne, la liberté civile, patrimoine appartenant à tous ; on ne tient compte que de la liberté ou faculté politique, monopole réservé à quelques-uns.

Les mots ont un son, ont un sens : fermons l'oreille au son ; ouvrons l'esprit au sens.

La liberté politique, ainsi banalement dénommée, n'est qu'un moyen et non une fin ; propice moyen s'il tend à atteindre la vraie fin ; moyen funeste s'il doit en éloigner.

Or, de temps immémorial, sauf peut-être en Belgique à présent, toutes les révolutions ont été conçues et ont abouti ; de sorte à en faire une fin à l'usage d'une coterie, plutôt qu'un moyen en vue de la population.

Le mouvement passe tour à tour par ces deux phases : l'une d'insurrection légitime parfois contre le pouvoir, et l'autre d'usurpation toujours criminelle sur le peuple.

Au contraire, la liberté civile est en son essence, une fin déja fort importante ; est, par ses conséquences, un moyen propre à obtenir une fin encore plus précieuse.

L'homme a le droit, a le besoin de posséder la liberté personnelle et réelle : la liberté pour son être, d'aller et d'agir à son goût ; la liberté pour son avoir, d'en user et s'en servir à son gré.

A ces titres, la liberté civile est une fin.

Mais aussi et bien plus, l'homme a le droit, le besoin d'obtenir la subsistance et même d'acquérir des jouissances, en raison de sa position sociale.

« A l'égard du peuple, la liberté a pour but unique de procurer, de garantir l'existence.

« L'existence est la fin ; la liberté n'est que le mode de l'association. » (*Ecrits de* 1790.)

Ou en offrant cette pensée, autrement rendue, à quarante ans de date.

« Le dogme de la souveraineté, les principes d'égalité et de liberté, émanent de la loi essentielle, aboutissent à la fin capitale.

« Et cette loi, cette fin, sont exprimées en un seul mot : *l'humanité.*

« Loi divine, fin sacrée ! que les lâches cœurs, que les esprits faibles méconnaissent ou méprisent. » (*La loi des circonstances,* 1830.)

Ici, point de détour, point de faux fuyant.

Détrônez les rois ; installez des républiques ; abolissez le droit de succession ; établissez le partage des terres ; égalisez les hommes en tout point.

Honneur et gloire à vous! toutefois au cas que vous parveniez ainsi à rendre le peuple tout-à-fait heureux, ou seulement plus heureux.

Mais si vous vous insurgez contre le pouvoir, et si vous le jetez à bas, si vous vous mettez en son lieu, en laissant le peuple encore plus malheureux.

Alors honte et horreur à vous!

Alors risque et péril pour vous.

N'importe le titre, le motif, plausible ou non, toujours est-il que vous n'avez révolutionné qu'en vue de vous-mêmes, sans prendre souci ni des chances encourues par l'État, ni des désastres infligés à ses membres.

Eh bien! de là surgissent et le titre et le motif, cette fois valides, pour déterminer, pour autoriser à révolutionner contre vous.

Que c'est triste pourtant, qu'il faille dire de telles choses; et qu'il n'y ait, ce semble, rien à attendre des sentimens, rien à espérer des lumières.

Que c'est triste, qu'il faille rappeler à la mémoire les vicissitudes du passé, et dévoiler à l'intelligence les menaces de l'avenir.

« L'histoire crie que les révolutions se jouent constamment de la masse nationale, et que, sous des dénominations variables, c'est toujours entre quelques classes de citoyens aisés que se passent les querelles politiques.

« Or, si le fonds de la nation reste ou devient

indifférent, ce sera un jeu de faire des révolutions : les forces des divers partis prévaudront tour à tour ; le désordre se propagera, ou le despotisme surviendra.

« Songez-y ; les phases se succéderont sans fin, jusqu'à l'établissement d'un état de choses qui soit fondé sur la raison, sur la morale pratique et religieuse, sur les rapports naturels de la famille, sur les habitudes enfantées par l'influence active à la chose publique, enfin sur le sentiment du bien-être acquis, seul capable de consolider un ordre nouveau.

« Que si la révolution ne tend vers ce but, il n'y a plus qu'à gémir sur la honte, sur la ruine du pays. » (*Ecrits de* 1790.)

Or, au sujet des révolutions, il est parlé de la chose et non de l'homme.

Toute révolution, bien qu'en apparence elle porte le signe d'un acte, en réalité n'offre que le caractère d'un fait.

Conçue aux secrets du temps et nourrie des faveurs du sort, enfin au terme marqué par la fatalité, elle éclot, elle éclate à l'improviste.

Alors surviennent tels et tels, que la chance avait posté sur le passage ; et ils s'imaginent l'avoir entreprise, au lieu qu'elle-même s'est servie d'eux.

A vrai dire, dans une révolution, il n'y a point

d'auteur ; sauf que ce soit l'esprit du siècle, sorte d'expression d'une immensité de causes diverses et confuses.

A peine quelques-uns ont titre à s'en prétendre les fauteurs : ou plutôt spectateurs perdus dans la foule, à l'approche du dénouement, ils se sont élancés sur le théâtre, et ont singé le rôle d'acteurs.

En 1830, le mouvement subit a emporté : et le mouvement avait été imprimé par toutes autres gens, soit de 1824 à 1828, soit de 1828 à 1830 : lesquels n'ont pas cessé d'être admonestés ou stygmatisés en maints et maints écrits.

Gens de secte ennemie, dont l'esprit s'est égaré de même : en ce que les uns ont méconnu l'esprit des peuples, et que les autres n'ont point connu le caractère du prince.

Gens de race fatale, dont l'influence sur l'opinion ou sur le pouvoir, n'est propre qu'à repousser les chances d'un bord, qu'à provoquer les périls de l'autre.

Ne parlons point à ceux par qui a été faite la révolution ; mais bien à ceux pour qui a été faite la révolution.

Encore ces derniers ont agi en conformité de leurs vœux, de leurs desseins ; parfois même de leurs devoirs, ainsi qu'ils les entendaient.

Ce ne sont pas eux qui voulaient seulement s'emparer des portefeuilles, et qui ont brisé des couronnes.

Ils savaient ce qu'ils faisaient : peut-être est-il moyen de les rappeler à faire ce qu'ils veulent.

Qu'ils prennent donc garde : leur idée s'est exaltée, s'est extravasée dans le cours prolongé de la mélée, sous le coup alternatif des succès et des revers.

Et qui ne sait comment l'idée, en devenant absolue, abstraite, tourne à l'encontre des désirs et sème la route de dangers renaissans.

D'abord, c'est l'esprit qui se fait du jeu : bientôt c'est la tête même qui est en jeu.

Puis, arrivent soudainement les formidables crises de 1793; dont il est tant commandé d'éviter le retour, afin de s'épargner de suivre l'exemple.

On jouait sa tête : et dès-lors c'est vertu sublime de la laisser tomber, plus encore que ce n'est forfait atroce de faire tomber d'autres têtes.

Voilà pourtant où, de pas en pas l'un sur l'autre poussé, où de jour en jour l'un à l'autre ajouté, mènent trop certainement l'exagération des vœux, l'inconsidération des vues.

En cette façon, chaque instant laisse en arrière, jette de côté une portion des adhérens : comme chaque instant aggrave les haines, les craintes, au sein des adversaires.

Et le parti dominant se réduit progressivement en nombre, se limite à une minorité enfin imperceptible.

Et de nécessité, la vivacité du mouvement est en rapport de la ténuité des forces.

Et de nécessité encore, les agens du pouvoir sont choisis en conformité des mesures du pouvoir.

Et tout a lieu comme en 1793.

Car alors aussi, nul n'eut donné la première impulsion, si l'idée des suites était apparue.

Nul, sans en excepter les Péthion et les Robespierre, ne se fût lancé à travers l'avenir, si de telles horreurs avaient été pressenties.

Qu'on agisse de même : il en adviendra de même.

Mais plutôt laissez les formes, et venez au fond : délaissez pour l'instant les droits, et passez vite aux besoins.

A peine, le dixième de la population est apte à jouir de ceux-là ; au lieu que les neuf dixièmes aspirent à satisfaire ceux-ci.

Même, à vrai dire, les droits portés au-delà d'un certain degré, se concentrent de force, entre peu de mains, se transforment en une sorte de monopole à l'usage de quelque coterie :

De manière à faire encourir à la masse nationale, d'autant plus de lésion et d'oppression dans la sphère de ses besoins.

En pressant, en poussant trop la marche de la civilisation, on méconnaît que les droits tournent souvent à sa perte, à sa ruine : soit que la masse en use sans discernement ; soit qu'une fraction en abuse avec insolence.

En se laissant absorber dans la seule idée des droits, on repousse, on refoule son cours naturel :

par cela que de jour à autre, le contentement des besoins est sans cesse remis, après l'établissement des droits.

Qu'est-ce que la civilisation entendue en un juste, en un large sens? Rien autre chose, que le progrès général de l'aisance et de l'intelligence, alliées au maintien des mœurs.

Il y a accord sur ce point. Seulement les uns se dirigent en droite ligne, devers les fins; tandis que les autres n'y tendent que par des voies indirectes.

Sans doute, il se peut qu'ils y arrivent avec le temps : mais sans doute aussi, ils n'y sont pas arrivés; ils n'en ont guère approché, au terme de la plus longue, de la plus rude épreuve.

Plaît-il de comparer?

Qu'on parcoure l'Europe : sauf l'Orient en entier, le midi en partie, qu'on juge entre elle et la France : tant en fait de supériorité présente, que de progressibilité constante.

Car ni les grandes villes avec leur banlieue, ni les contrées industrielles et les terres privilégiées, ne sont à porter en ligne : comprenant au plus un quart de la population, dont il faut déduire une immensité de malheureux.

Encore l'Italie et l'Espagne, grace aux faveurs du climat, prévalent sur la France quant à l'aisance; et par la même cause, équivalent en intelligence, qui au reste n'est point à peser ni de bord ni d'autre, attendu qu'elle y est frappée d'inertie.

Que dire? même la Russie et la Hongrie, peut-être la Turquie et l'Asie, pays privés de la liberté personnelle, à peine sont arriérés pour l'intelligence, et certes sont mieux partagés en aisance.

Enfin, le serf a la vie sauve : la fortune avare prend soin de son outil; la glèbe inquiète ne laisse pas périr sous la chaîne.

Eh ! mais, prenons le nègre de sucrerie, et le blanc de fabrique : ces deux fruits presque également hideux de la prétendue civili ation; qui naguère applaudissait à l'un, qui maintenant se glorifie de l'autre.

Tout compensé, là du moins, on ne meurt pas de faim; là, on mène une vie plus saine, on garde une santé plus forte.

Là surtout, demain ne promet pas plus, demain tiendra autant qu'aujourd'hui et que hier.

Et maintenant, qu'on travaille donc dans la seule vue de la liberté, au lieu de se consacrer aux soins, aux devoirs de l'humanité :

Comme s'il n'était pas bon de donner la vie aux corps, avant de prêter la vie aux esprits;

Comme si les droits, ainsi jetés à la tête, s'ils venaient par malheur à être saisis, ne devaient pas être employés soudain à ravir de vive force, la pâture des besoins.

Et maintenant qu'on prétende donc à révolutionner, à constitutionnaliser l'Europe entière.

Alors que la vraie civilisation, autrement la civilisation commune aux basses classes et aux moyennes, s'y montre en un degré supérieur; alors qu'à travers les désastres inévitables d'une telle crise, cette civilisation ne peut manquer d'être arrêtée, d'être retardée.

Allez : mais ne vous dites pas les amis du peuple.

Allez : vous n'êtes plus, sauf que la folie vous possède, que des aspirans à l'usurpation, que des prétendans à l'envahissement de tous les droits, à l'accaparement de tous les pouvoirs.

Allez : et peut-être supplanterez-vous vos rivaux : peut-être dominerez-vous après eux : mais avec aussi peu de chance; mais avec plus de honte encore.

« Qu'on ne bouge pas l'homme : sa vertu est de routine; sa raison est de mémoire. Le mouvement, le frottement en ont la fin. »

La règle est sans exception.

Il s'est fait une et deux révolutions capitales : il s'en fera peut-être quelque troisième.

Il s'est fait une et deux restaurations : il s'en fera peut-être quelque troisième aussi.

Et celles-ci, celles-là, non sans contraster en principes, ont cela de commun, qu'elles s'opèrent par le mode des perturbations, qu'elles aboutissent à un chaos de transmutations.

De même, brouillant les idées, troublant les sentimens, étouffant les instincts, abolissant les habitudes, intervertissant les relations.

Toutes choses, qu'un long laps de temps, écoulé dans le calme et la paix, ramène à peine au point nécessaire, et jamais ne rétablit en l'ancien état.

C'est vainement que de bord et d'autre, de nobles et même de justes vues, déterminent dans l'origine.

Les fins sont placées au terme de la route : et rarement la route est poursuivie jusqu'au terme ; et le plus souvent, les fins s'effacent de la pensée dans le cours de la route.

C'est vainement que l'idée primitive entend se borner à une révolution politique.

La révolution sociale peut être évitée ; mais non pas la révolution morale.

Les biens seront sauvés : les mœurs se perdront.

Toute révolution érige la volonté, en pouvoir absolu ; et laisse l'acte, à la merci du libre arbitre.

Toute révolution met en plein exercice, les forces intellectuelles ou matérielles ; et case chaque homme, selon sa valeur intrinsèque :

A la fois, suscitant le déréglement des conceptions, et exagérant le développement des prétentions.

Il semble que la fortune soit mise à l'encan de l'intrigue et de l'audace ; qui ne se font pas faute de l'exploiter par toutes les voies.

Les uns s'élèvent et s'empreignent d'orgueil, s'encroûtent de dureté : ayant besoin de se nier à eux-mêmes, de dissimuler aux autres, d'où ils partirent et comment ils parvinrent.

Les autres sont abaissés, et tournent à l'aigreur, passent à la sécheresse : n'ayant moyen de se venger des injures reçues, que sur l'innocence et l'infortune.

Qu'en arrive-t-il?

Un mal que n'opéreraient pas les plus mauvaises lois; un mal que ne répareront pas les meilleures lois.

Car les lois n'interviennent, dans la réalité, qu'à la circonférence du cercle des relations sociales; au lieu que les mœurs influent et agissent à l'intérieur de la sphère.

Il n'y a qu'à voir ce qui s'est passé depuis 1789.

Dans les familles :

Sous les rapports envisagés ici, il n'y a point à parler des familles riches ou aisées qui, dans tout autre sens, donneraient tant à dire.

Mais quel spectacle est offert par les classes inférieures de villes et de campagnes, et chez les parens et chez les enfans.

D'abord, vient la conscription, cette ineffable barbarie de notre simulée civilisation : laquelle fait contribuer en subside de sang, justement les patiens de l'ordre social ; afin de ne pas faire subvenir en nature d'écus, ceux qui jouissent et dominent.

De là, le sentiment paternel s'amortissant et se blasant; trop inquiet de s'attacher, à la veille d'être privé.

Et par suite, car tout se tient dans l'ame, la répugnance survenant à faire des sacrifices pour ses enfans.

Puis, comme en sorte de revanche, le sentiment filial perdu ou perverti, tout-à-fait indifférent pour le vieillard hors d'état de gagner sa vie.

Première cause d'infortune pour les basses classes.

Dans les ménages :

Au sein d'une certaine aisance, entre les maîtres et les domestiques, plus d'affinité, d'apparenté, s'il est permis de se servir de ce mot, au contraire de ce qui existait jadis.

Et du bord des maîtres, abandon dans l'état de maladie; renvoi après un long temps de services, absence de legs au terme de la vie.

Par contre, du bord des domestiques, légèreté et facilité à prendre congé, à se mettre sur le pavé.

Seconde cause d'infortune.

Quant aux fabriques, auxquelles est imposée la loi de cruauté, par l'action déréglée de la concurrence; abaissement des salaires et accroissement des heures de travail.

De plus, abandon aussi, renvoi aussi ; sans garder mémoire des droits, sans porter secours aux souffrances ; de même qu'il serait fait pour des bêtes de somme.

Troisième cause d'infortune.

Quant aux terres, surtout de la part des nouveaux possesseurs, et à un certain point, de la part des anciens ; exagération du prix des baux , ou même déception dans les clauses.

En outre, poursuites , saisies , ventes , à l'appel des échéances , et à rebours des saisons et en dépit des pertes.

Mesures dont l'effet tend à dévorer le fonds du travail , à dessécher les bras du travail ; et dont la cause provient trop souvent du désir de faire vendre , ou de se faire céder quelque morceau de terre.

Quatrième cause d'infortune.

A peine faut-il parler de la dureté des collecteurs d'impôts , qui , pour répondre à l'impatience de leurs chefs, se font gloire de presser coup sur coup les rentrées , et trop souvent d'employer les moyens de justice.

Qui , faiblement rétribués et vaguement réprimés , ne se font pas faute , de frauder le pauvre paysan , de garder les quittances , de brouiller les exercices.

A peine faut-il parler de l'interception trop commune des aumônes , de la cessation presque absolue de l'esprit de charité , ou du sentiment d'humanité ; comme il plaira le mieux.

Lequel , à titre de motif senti et raisonné , est étouffé même au sein des classes supérieures , sous l'influence des haines de mémoire et des craintes de prévision.

Lequel ne se rencontre plus guère , qu'en façon de mobile instinctif , irréfléchi , parmi les êtres

I

qui, soumis aux plus tristes chances, ressentent comme en eux-mêmes, les coups endurés par les autres.

On voit, dans cette faible ébauche, quels sont les maux infligés à la misérable humanité, et les torts commis envers la vraie civilisation, par le cours successif et alternatif des crises politiques.

On entend peut-être, comment toute révolution, à prendre ce mot dans un sens général, se trouve endettée au titre le plus sacré, vis-à-vis le peuple en masse, vis-à-vis la nation en réalité.

Ici, au loin, le jargon ostentatoire de liberté et d'égalité, à l'égard des hommes ; et d'honneur, de gloire, à l'égard du pays.

Qu'y a-t-il donc ? quant au peuple, c'est-à-dire.

La liberté d'une mort lente, ou d'une mort violente ; l'égalité de la tombe, sauf encore le marbre funéraire ; et l'honneur du pays, pour qui ne se sent pas de patrie ; et la gloire des trophées, pour qui passe du champ de bataille à l'hôpital.

Révolution, telle que vous soyez, ne songez qu'à acquitter vos dettes, et gardez-vous d'en contracter de nouvelles.

Depuis trop long-temps, vous ajournez, vous atermoyez, toujours promettant, et jamais ne tenant.

« Patientez, pâtissez, pauvre peuple : cinq ou six phases seulement ont encore apparu ; c'est une fatalité que la bonne ne se soit pas rencontrée dans le nombre.

« Qu'il en survienne deux ou trois tout au plus :
ainsi les chances de mal vont s'épuiser enfin ; et
de guerre las, il faudra bien que le sort amène
la chance de bien. »

Croira qui pourra : se taira, qui n'osera.

Au moins, quelqu'un reste pour haïr et honnir
les gens, qui brisent des couronnes comme at-
teintes et convaincues d'avoir trahi la mission
imposée, et qui, ramassant, ressoudant les mor-
ceaux, osent faufiler leurs fronts par-dessous, et
qui, de même ou plus encore, s'apprêtent à fou-
ler aux pieds, tout ce qui mérite, tout ce qui
souffre.

Quelqu'un reste, qui, n'étant plus retenu par
la crainte de fournir des armes contre le pouvoir,
ne cessera de crier sur les toits l'inexorable vérité ;

Qui, au contraire de bien d'autres, ne prétend
ni percer à travers le voile des décrets éternels,
ni se jeter au hasard entre les luttes passionnées
de ce bas monde ;

Et ne conçoit autre chose, sinon qu'après la
catastrophe amenée par ceux-ci et accueillie par
ceux-là, il y a seulement à adoucir les influences
fâcheuses, comme aussi à obtenir les conséquences favorables.

Il y a la fausse et la vraie civilisation : la civilisation partielle et monopolisée; la civilisation commune et généralisée.

Dans les temps de crises, celle-là se range sous le drapeau de celle-ci, et lui emprunte des armes et opère les conquêtes en son nom, et se saisit des dépouilles, et ne lui laisse que les risques et les peines.

A l'aspect des révolutions de France, on voit jusqu'à quel point la vraie civilisation a été repoussée, refoulée.

Dans les temps de calme, cette différence se rencontre, que la fausse civilisation, d'autant plus enracinée qu'elle est invétérée, domine sans contrôle et n'a point à requérir d'aide.

Elle poursuit aussi sa marche, mais d'un pas moins brusque, moins rude : non pas que les craintes contiennent, et seulement parce que la routine entrave.

Toutefois il est des époques où son pas s'accélère, où l'état de calme se change en l'état de progrès.

Pour lors la société porte d'autant plus de fruits; comme aussi elle supporte d'autant plus de frais : et les fruits reviennent aux uns, les frais incombent aux autres.

A titre d'exclusive, la fausse civilisation prend tout, ne rend rien.

Sous ce rapport, c'est la France peut-être qui offre l'exemple le plus frappant, le plus choquant.

En Espagne, en Italie, il n'y a pas de progrès à bien dire; de sorte que les relations des classes jouissantes et souffrantes, ne varient guère; et que les mœurs, les coutumes destinées à adoucir la transition, s'altèrent à peine.

D'habitude, les parens et les maîtres, les propriétaires et les fabricans, font famille avec leurs inférieurs (1).

En Allemagne, noble et grave et sage contrée, même aux temps du progrès, le mouvement égal et constant est comme insensible : non moins prompt à atteindre le terme et plus certain de s'y tenir.

La famille antique qui s'efface peu à peu, fait place à une sorte d'alliance plus libre, plus juste.

En Angleterre, pays du génie social, le cours impétueux du progrès, éclaire à propos, et dicte non pas d'opposer des digues au torrent, mais de l'amortir par des saignées régulières.

Comme l'industrie y aspire toutes les existences humaines, et les rejette soudain, les reprend ensuite; aussi en balance, se présente la

____

(1) Ce mot est consacré en Italie, si bien qu'en parlant de la maison du pape, on dit : SUA FAMIGLIA.

taxe des pauvres, prête à compenser, à neutraliser.

Admirez la loyauté des vœux, la sagacité des
vues. Les propriétaires ont le pouvoir et se font
la loi à eux-mêmes.

Deux cent millions levés sur les biens-fonds,
sont consacrés au soutien de quatre cent mille
familles, de deux millions d'individus.

Et ce n'est pas que les classes riches entendent
faire une aumône de leur pleine grace : c'est plutôt une amende, à laquelle elles se condamnent,
en retour de la prime, que leur attribuent les
progrès de la société.

On partage, on dispense une part : si bien que
l'antagonisme entre la vraie et la fausse civilisation, est justement tempéré.

En France, l'aspect leurre, l'apparat charme.
Ni le fonds des choses n'est aperçu, ni le cours
des choses n'est apprécié.

Là, la civilisation, sous le rapport de la pros-
périté matérielle, se fait d'elle-même, à part du
pouvoir.

Ici, à l'exemple, à l'envi, le pouvoir veut faire
de la civilisation : il pousse aux entreprises, et
s'y jette lui-même à corps perdu.

Tantôt, il reprend à deux fois l'opération peu
chanceuse de la réduction des rentes ; détermi-
nant ainsi un déclassement immense, et occasio-
nant des spéculations insensées, et nécessitant
des pertes incommensurables.

Tantôt, il prétend découper le pays en un vaste échiquier de canaux : ne songeant pas que les uns manqueront d'eau, et les autres de bateau.

Chose trop heureuse encore : car autrement l'extinction du roulage entraînait un grand dommage pour l'agriculture, abolissait une forte masse d'emplois, et sur les routes et dans les ateliers.

Tantôt il excite de paroles, il enivre d'espoirs, la grande manufacture, la fabrique à mécaniques.

Travaillant, d'une part, à la destruction de l'industrie privée, qui entretenait un grand nombre de familles, et favorisait la culture et protégeait les mœurs.

Et d'autre part, à l'embauchement des campagnards, à l'entassement des ouvriers, à la concentration des profits ; puis, par suite de la concurrence envieuse, à la faillite des entrepreneurs.

Mesures malencontreuses en double façon, qui mettent au grand jour, comment la fausse civilisation procède et avance, en sa lutte à outrance, contre la vraie civilisation.

Ces causes redoublées de perte et de ruine, pour les masses, tiennent surtout à la précipitation inconsidérée, intempestive du mouvement social.

Dans le cours accoutumé, ou dans l'état de calme, il se manifeste des effets trop analogues.

Au moins, le misérable citadin rencontre des

chances aux secours publics et particuliers , et vit à l'abri des fraudes dans les actes, des sévices aux échéances.

Mais le malheureux paysan n'attend aucune aide , aucune ressource contre le malheur; et se voit livré aux déceptions, aux exactions du demi-bourgeois, *demi-manant*, comme dit La Fontaine, dont l'espèce pullule au sein des campagnes.

D'autant que la loi préoccupée d'autres soins plus importans en apparence, ou n'intervient pas entr'eux, ou ne s'entremet et n'est appliquée que par des employés peu sûrs.

Puis, apparaissent les gens de loi et de justice, comme aussi les agens du fisc : les uns et les autres réduits à la malaisance , et par conséquent dénués de pitié : ceux-là que les tentations du lucre absorbent ; ceux-ci que les espoirs d'avancement enivrent.

Il faut avoir vécu hors des villes , pour se faire une juste idée des vexations journellement exercées, soit quant aux frais et faux frais , soit quant aux faux comptes et aux doubles paiemens;

Alors survient la conscription , à la fois ruineuse, en fait d'enfans, en fait d'écus.

Avant le tirage , ce ne sont qu'intrigues, qu'embûches perfides, afin de soutirer quelque prime à la crédule paternité.

Après le tirage , qu'est-ce ? surtout depuis que la manie est venue de se faire une armée d'un demi-million d'hommes.

Le plus fort ou le plus fin fait la loi : les familles de bourgeois et même de demi-manans, trop souvent exemptées, rejettent toute la charge sur la classe impuissante et inhabile.

Ce n'est plus le sort de la loterie avec ses bulletins ; c'est le sort de la naissance, à raison de la taille et de la santé, qui désigne les partans,

L'un après l'autre, chaque fils qui dénote les traits de la virilité, est pris : laissant les parens en manque d'aide, en perte de travail, en défaut de récoltes.

D'où, sans parler du déficit des produits nationaux, il résulte un déficit dans les moyens de subsistance de la famille.

Ainsi subviennent la jeunesse en sa fleur, et par contre-coup, la maturité sur son déclin : si bien que la vieillesse et l'infirmité auraient droit, ce semble, à exercer quelque recours, à être soutenues en revanche.

Qu'on se garde de le croire. L'État ne les a fait contribuer de leurs personnes, qu'afin de ménager sur ses fonds. Ce serait gâter l'affaire, que de restituer ce qui a été ravi.

Peut-être la pudeur, suppléant à la pitié, ouvrira dans les grandes villes, des lieux de refuge et de traitement, offrira même des secours à domicile :

Mais les campagnes ne se font pas voir, pas entendre : rien n'empêche de supposer qu'elles n'existent pas.

Ce n'est pas tout. L'État, la loi, le pouvoir, où tout ce qu'il plaira, sont taillés en façon d'êtres à longues mains, pour prendre en tout lieu, et à doigts crochus, pour ne rendre nulle part.

Voyez plutôt les prisons : et celles où le condamné doit subir sa peine parfois exorbitante ; et celles où le prévenu va languir et pâlir pendant des mois entiers, à valoir d'autant sur l'arrêt trop tardif d'acquittement.

Un centième de la population totale, un trentième de la population active, y fait sa demeure. Et quelle demeure !

Pourtant nulle conscience ne s'en émeut : à tout prendre, sauf la liberté, qui compte fort pour les têtes vides, et ne compte guères aux estomacs vides, les prisonniers ont le pain à tous les jours, à la différence de tant de travailleurs.

Il y a plus que compensation.

Pourquoi faut-il, comment se fait-il que le passé, le présent, l'avenir avec leurs leçons, et leurs périls, et leurs menaces, soient étouffés par les fumées de l'orgueil, par les bouffées de l'ambition.

Plairait-il d'écouter l'aveu le plus naïf, le plus niais ?

« En 1789, il était inévitable que la société renouvelée se fît reconnaître les armes à la main. C'était l'avènement de la classe moyenne ; la promotion de la bourgeoisie. »

« En présence de toutes ces aristocraties, filles
de la guerre, il fallait que la démocratie combat-
tit à son tour : elle l'a fait ; elle a reçu *le baptême
de feu*, comme disait Napoléon. » (*M. de Rému-
sat :* 7 mars.)

L'avènement à quoi ? à la puissance absolue,
mettant à l'écart les rangs supérieurs, et jetant au
rebut les classes subalternes :

A l'autorité exclusive, ici aspirant tous les bénéfices et là infligeant toutes les charges de la
société.

La promotion de quoi ? d'une fraction au chiffre
d'un dixième, à prendre sur le quart de la nation,
résidant dans les villes ;

D'une coterie vouée au démon du lucre et ral-
liée par l'esprit de vanité, non sans l'ostracisme de
la grande et petite propriété.

Et la démocratie, c'est-à-dire le peuple même,
a combattu pour une telle cause, a combattu afin
de se donner des maîtres.

Et la démocratie a reçu *le baptême de feu.*

Ici, la plume reste morne, l'encre se fige, le
papier se retire.

Eh oui ! il est trop vrai que des millions d'hommes ont été dévorés par les flammes inextingui-
bles de la guerre.

Il est trop vrai que le prix du sang de vingt
années, en outre du sang de juillet, est passé à
titre de proie, entre les mains de la brigue et de
la fraude.

D'une part, aux armées, il y a eu promotion de la bourgeoisie à la gloire, à la fortune ; et promotion de la population à la misère, à la tombe.

D'autre part dans la cité, il y a eu avènement de la classe moyenne au pouvoir, aux honneurs ; et avènement des basses classes à un surcroît de malheur, de mépris.

Oui ! le baptême de feu a été reçu par les enfans perdus de la famille dénaturée, par les innocens dévoués au gré de la loi du jour.

Tandis qu'au contraire, le paradis des joies s'est ouvert pour les enfans gâtés de la société intervertie, pour les habiles sortis des épreuves du temps.

Ce seul mot de baptême de feu, en tant qu'il se rapporte à un holocauste jusqu'alors inouï : ce jeu de mots emprunté au guerrier par le rhéteur, et produit à la tribune non sans un certain art, en dit assez.

Le mot prédit l'avenir ; comme il redit le passé.

Mais que c'est donc un grand bonheur, dont il y a à rendre graces, en part égale peut-être, et au mérite et à la fortune ; que le météore fulminant de la guerre ne menace plus de se lever sur l'horizon.

Point de doute : le cas advenant, les immolations au dehors, au dedans, eussent repris leur cours légal.

Il aurait bien fallu que la démocratie, que la population même, combattît de rechef et reçût encore le baptême de feu : car alors, ainsi qu'en 1789, c'était l'avènement, la promotion de l'ineffable bourgeoisie.

Or les temps sont accomplis : l'installation au faîte est opérée; l'investiture du titre est conférée.

Nos maîtres ont le libre arbitre : nous sommes laissés à leur merci.

Même on ne leur conteste point l'empire. Ainsi qu'un homme a besoin d'être sustenté, ainsi un peuple a besoin d'être gouverné.

Et la classe naguère prédominante, lors de son second début, n'a pas manqué d'abuser du pouvoir, ou plutôt d'en mésuser hors de propos, à tort et à travers.

Et maintenant, la fausse honte ou l'honneur décevant lui font oublier qu'il reste le pays à servir, à sauver.

A son défaut, ou à son refus, l'autorité passe à d'autres.

Eh bon Dieu, ces autres suivront des voies parallèles, aboutiront à de pareilles fins.

Il ne leur sera pas donné davantage, de voir de si haut, rien de ce qui est, rien de ce qui sera.

Ils n'ont qu'un droit d'hier; et l'éternité semble lui être dévolue.

Il n'ont qu'un droit d'emprunt : et la personnalité s'en sert comme de chose appartenante.

Ils sont en petit nombre : et de jour en jour, les prétentions, les dissentions le réduisent.

Ils ont sous eux, devant eux, contre eux, suivant la manière de l'entendre, des masses immenses : et à chaque acte, le désappointement, le mécontentement, s'y introduisent, s'y propagent.

Il faut le dire : nos maîtres sont experts en libéralisme, et n'ont pas même été apprentis en libéralité :

Celui-là, dont l'instinct de nature a donné la leçon ; celle-ci, dont les habitudes de vie n'ont pas donné l'usage.

Libéralité, humanité, charité ! Cette vertu unique, à travers les transitions d'un nom à l'autre, a perdu peu à peu de son entente, et ne porte plus de sens.

Ou retrouver l'abnégation de l'être ou l'expansion de l'ame, dont elle reçut la naissance ? parmi la lutte des passions et l'alternative des chances, et l'absence de toute idée religieuse.

Comment les retrouver, au siège de ces diverses situations de la vie : où le métier est de faire fortune ; où l'appât du gain stimule ; où règne l'esprit d'épargne, et parfois de chicane, parfois de fraude.

Au contraire, c'est de là même qu'émane et ressort depuis plus d'un siècle, depuis un demi-siècle surtout, cette fausse civilisation, antagoniste de la vraie civilisation.

En comparant l'état ancien et l'état présent de la classe moyenne, il est clair que les bénéfices progressifs de la société ont été absorbés par elle.

Qu'on voie ou qu'on écoute : non sans faire abstraction du manque ou du retard de gain, par suite de la révolution; dont la classe moyenne serait mal fondée à se plaindre et à se prévaloir.

D'abord les offices de toute sorte, élevés en capital, depuis 1815, au quadruple et plus; et par conséquent en profits, au double environ.

Et les études d'avocats ou d'hommes d'affaires, quelque peu achalandées, ne restant point en arrière du mouvement.

Puis la haute industrie concentrée en fait de fabrique, écrasant les ateliers de chaumière, les métiers de chambre : et disséminée quant au débit, expédiant des commis voyageurs, expulsant les marchands en demi-gros.

Et le haut commerce, la banque, profitant aussi largement de l'augmentation des affaires.

Un coup d'œil suffit, en pénétrant dans l'intérieur des familles, en se promenant au sein des cités.

En thèse générale, les profits de la civilisation sont alloués exclusivement à la classe dite moyenne.

C'est pour elle qu'ont baissé de prix, tous les produits de fabrique appropriés aux vêtemens, tous les produits de commerce employés aux alimens.

Le coton et la laine, le sucre et le café, apportent, depuis la paix, une épargne presque nulle pour la pauvreté, assez faible pour la richesse, très forte pour la médiocre aisance.

C'est pour elle que les frais de route ont fléchi de 4 à 1; à peu près dans le même rapport, quant à l'économie.

Cela se conçoit d'abord. Tous les procédés économiques de travail n'ont à s'exercer que sur des actes ou des objets de certaine valeur; n'ont à bénéficier que sur une main-d'œuvre recherchée et compliquée.

La charette, instrument grossier, la bure, matière commune, ne se prêtent pas aux perfectionnemens de fabrique, comme les voitures et les draps fins.

Tellement que le cours libre et naturel de l'industrie parvient d'une part à fournir la classe moyenne, à des prix de plus en plus inférieurs.

Et d'autre part, tend à dépouiller les classes misérables, de l'emploi qui leur donnait ou la subsistance sèche, ou quelque frêle jouissance.

De plus longs développemens semblent superflus.

En somme, l'état de calme en politique, le cours des progrès en industrie, favorisent immensément, uniquement la classe intermédiaire.

Or, qu'elle n'en ait pas rendu grace, qu'elle n'en ait pas même gardé mémoire envers les fondateurs, les restaurateurs de la paix, ce n'est jamais que de l'ingratitude, affection endémique de l'espèce humaine.

Mais qu'elle ne sente pas le besoin, le devoir de répartir entre la nation même, de dispenser en quelque portion à tous, les bénéfices résultant du progrès, ce serait iniquité, insanité.

Ici, il n'y a pas à rabâcher le vieil adage des économistes : laissez faire, laissez passer.

Car que sert à qui n'a pas de bras, qu'on le laisse faire ; à qui n'a pas de jambes, qu'on le laisse passer.

Et vraiment les bras et les jambes ont été coupés à l'être du travail : autrement leur emploi restreint est inepte à jouter, contre l'usage des ailes larges et rapides de l'industrie.

Ou la loi, ou la mort, ont à mette un terme aux débats privés, ont à mettre une fin aux périls publics.

Telle est l'esquisse des procédés passés en force de coutume et exercés sous forme de loi, qui caractérisent la fausse civilisation.

« Depuis un demi-siècle, la tendance du gouvernement a été de faire l'homme riche plus opulént encore, et l'homme pauvre de plus en plus méprisable.

« Un vide immense a été creusé entre les extrêmes de la hiérarchie sociale : toute sympathie s'est éteinte entre ceux qui ont du bien et ceux qui n'ont que leurs bras. » (*The Times*, 1830.)

En Allemagne, le mal a été prévenu : en Angleterre, le mal est aperçu.

En France, on ne prévoit rien : même on ne

voit qu'en sa cervelle ; on ne sent qu'en sa bourse.

Cependant la lumière perce à travers le chaume dîmé, passe par la lucarne tarifée, et se propage de haut en bas, du centre à toute la sphère.

Cependant le jour approche, l'instant accourt, où chacun se dira à lui-même, puis redira à tous, parlant le langage de Rousseau :

« L'état social n'est avantageux aux hommes, qu'autant qu'ils ont tous quelque chose et qu'aucun d'eux n'a rien de trop. »

Et ce ne sera pas à tort. Un paradoxe a été dit : on en a fait un axiome.

Ainsi la classe moyenne est engouée d'elle-même, est comme engouffrée en elle-même ; laissant leurrer sa conscience, tant en politique qu'en économie.

Là, c'est par la méthode de l'abstraction, qu'il lui apparaît qu'elle ne jouit pas d'un privilège, qu'elle n'exerce pas un monopole.

« Le livre d'or n'est pas clos : ses feuillets s'ouvrent à tout aspirant. Il suffit de se donner tant et tant de revenu, pour y prendre un rang, tant et tant de génie ou de talent ou d'art, pour s'y poser en tête. »

En théorie, rien de mieux : quant à la pratique, rien de pis. Le revenu ne naît pas sous les pas, le génie ne pleut pas du ciel.

Même, comme il a été vu, le cours des choses

et le concours des lois coïncident à fonder, à renforcer la barrière infranchissable.

Ici, c'est par les voies de la déception, qu'il lui paraît qu'elle n'opère pas à son profit exclusif, qu'elle ne s'oppose pas au bien-être universel.

« Dieu garde de nier que le peuple ne souffre. Le travail manque, le salaire baisse. C'est clair : il faut ranimer la circulation, raviver les communications : bientôt nous ferons la paix ; peut-être nous ferons des traités ; déjà nous faisons des entrepôts, des canaux, etc., etc., etc. »

Ainsi va l'idée trop vaine : le progrès vole sur la langue ; le mouvement brûle le papier.

Pour peu que Paris et quelques villes de fabrique ou de commerce, acquierrent quelque avantage, on s'imagine que la France obtient un bénéfice ; tandis que le contraire arrive le plus souvent, ainsi qu'il vient d'être dit.

Encore, sans revenir sur ce point, la réfutation des espérances est facile à fournir, par la simple exposition des diverses classes de la population agglomérée sur le sol de France.

Il faut dire le sol, car pour l'immense majorité, il n'y a pas de pays, de patrie ; il n'y a pas de société vraie.

En effet, dans la sphère politique, un cinquantième seulement est appelé à la participation des lois, dont la moitié se refuse à y coopérer.

Un dixième à peu près s'y intéresse et s'en préoccupe ; dont le tiers et plus est au-dessous de l'âge requis, est déjà représenté par ses parens.

Dans la sphère économique, la ligne de démarcation tracée par les faits et par les lois, rejette en-dehors, relègue à l'écart, fort au-delà des trois quarts de la population.

Qu'on fasse de l'industrie, du commerce, du crédit ; qu'on fasse des progrès en fait de richesse nationale, sous un rapport quelconque : c'est tout pour vous, rien pour eux.

Essayons d'opérer le recensement.

D'abord ceux qui vivent de la rente d'un capital, en fonds publics, en prêts particuliers : et ceux qui subsistent du loyer d'immeubles d'habitation ou d'instrumens d'exploitation.

Auxquels on peut adjoindre les domestiques et les servantes attachés au ménage, et non appliqués à l'œuvre, qui s'entretiennent sur le salaire.

Les uns et les autres qui, à la vérité, se présentent au titre d'improducteurs, et pourtant qui payant de leurs écus ou de leurs enfans, ne doivent pas être mis en dehors de la société.

Ensuite, ceux qui tentent de se procurer et jamais ne parviennent à se garantir la plus chétive vie ; soit par l'exercice d'un métier grossier ou d'un modique commerce ; soit par le louage de leurs bras, à quelque emploi.

Lesquels rentrent dans la catégorie des auteurs de la production, des serviteurs de la consommation, et méritent ainsi la plus haute considération.

Toutes ces classes out le caractère commun, que l'état de crise ou de recul les affecte sensiblement dans leurs ressources; sans que l'état de calme et de progrès leur porte de faveurs appréciables.

Attendu que leur service est généralement restreint sous le cercle des besoins de première ou de seconde nécessité; et que le progrès se limite au moins pendant fort long-temps, aux emplois de simple utilité ou de superfluité.

Or, ces classes composent peut-être le cinquième de la population totale.

Maintenant, il ne s'agit plus d'une classe différente, mais bien d'une race distincte, d'une nation étrangère au pays, bien qu'indigène au sol.

Les campagnes contiennent plus des trois quarts des habitans de la France, plus de 24 millions d'êtres.

A peine peut-on supposer que deux millions soit propriétaires, soit fermiers, ou 500 mille familles jouissent d'une certaine aisance; à ce point, qu'il y ait moyen de se resserrer en ses nécessités accoutumées, et de s'étendre en emplois relatifs aux jouissances.

Et ceux-là seulement sont en état de supporter le coup du recul, comme aussi de profiter de l'élan du progrès.

Qu'est-ce que le reste? vingt-deux millions, c'est-à-dire les deux tiers de la population totale.

Dont douze millions, autant qu'il semble, appartiennent à trois millions de familles, propriétaires cotisables au terme moyen de 20 ou 5o fr., et cultivateurs d'un bien valant 200 fr. de revenu, environ.

Dont dix millions peut-être tiennent à des familles de prolétaires, ne possédant que des bras, et vivant à peine de leur louage.

Voilà la France en son essence même : car de là naissent, et la subsistance et la puissance de l'Etat.

Cependant pour cette France, pour la vraie France, on ne s'avise jamais de rien faire : et même on prétendrait en vain faire rien, du moins au moyen du jeu de l'industrialité et des artifices de la circulation.

La race primitive et d'origine gauloise ou celte, a vécu sous les Romains et les Francs, a passé par la féodalité et la fiscalité, a traversé les révolutions successives ; sans éprouver des altérations notables.

On dirait mal, en quel temps elle fut plus ou moins infortunée : on conçoit plutôt qu'elle le fut constamment, jusqu'au terme prescrit, pour que le principe de vie lui restât encore.

Car, y compris le dix-neuvième siècle, tous les gouvernemens se sont légués la méthode fort expédiente, de prendre, non pas du tout où il y a puissance de subvenir ; mais tout-à-fait, où il n'y a pas puissance de résister.

Même à présent, on travaille en cette façon, plus à l'aise, plus en paix : étant parvenus à se bien persuader, que si on prend d'un bord, en même temps on rend de l'autre avec usure.

« La richesse s'est accrue avec une rapidité prodigieuse..... le bien-être est devenu le partage du plus grand nombre. » (*Rapport sur le budget des recettes.*)

Ainsi on parle, d'abord à bon droit, puis à grand tort : car la richesse en s'accroissant s'est concentrée ; car le bien-être ne s'est point répandu, point réparti.

Et comment n'en serait-il pas de même dans l'avenir ?

Voyez le cultivateur de son coin de terre, et le laboureur à chétive journée.

Leur paroisse fait leur univers : et cet univers n'est pas de notre monde.

Le toit de chaume, le vêtement de bure, le morceau de pain ou l'écuelle de bouillie : cela est tout pour eux ; et cela est autour d'eux.

Les procédés de fabrique leur offriront-ils un chaume ou une bure à moindre prix ? les profits de l'industrie leur apporteront-ils, et plus d'emploi, et plus de salaire ?

Ou serait-ce que la culture à la mécanique, doit leur conserver autant de travaux, leur livrer davantage d'alimens.

Encore, on consacrerait à leur service, le produit entier du budget, sans avancer beaucoup dans la besogne.

Il y a un milliard : ils sont plus de vingt millions; c'est 5o fr. pour chaque tête; c'est six liards par chaque jour.

Rien de mieux; si au préalable ils n'avaient à fournir eux-mêmes les trois quarts du fonds qui leur ferait retour.

A travers la foudre dévorante des révolutions,
parfois il éclate quelque trait de lumière.

« La souveraineté nationale n'a pas d'autre
sens. C'est la déclaration que les gouvernemens
et les rois ne sont que les premiers agens des volontés du siècle. Il dépend d'eux d'être de bons serviteurs. » (*M. Lerminier : le Temps*, 1ᵉʳ mars 1832.)

Il y a à changer ces mots, *les volontés de leur
siècle ;* en ceux-ci, *les besoins et les droits de leur
pays.*

Car on ne sait où pêcher les volontés du siècle :
surtout en un siècle, ou plutôt encore que chez
ses devanciers, il n'y a de volontés qu'en certains
lieux, que pour des instans :

Surtout en un siècle, où fort au-dessus de tout
autre, il y a plus de volontés, où il y a moins de
titres à les imposer, moins de lumières à les diriger.

« La souveraineté nationale n'a pas d'autre
sens, sinon que les gouvernemens sont les agens
des droits, les serviteurs des besoins du peuple. »

Ainsi la maxime aurait à être traduite : d'autant qu'essentiellement les volontés vraies, plus
souvent tacites que patentes, émanent des droits
des besoins.

Si les volontés ne sont que pensées, au moins les besoins parlent : l'écho répercuté entre 25 millions de voix, rend ce seul mot : DU PAIN.

Or comme de vivre, est le premier des besoins ; aussi de vivre, est le premier des droits : cela étant de suprême évidence, que les droits sont nés dans la société, selon le même ordre, sous la même règle, que la société est née des besoins.

Viennent maintenant les gouvernemens, c'est-à-dire les agens chargés de faire valoir les droits, les serviteurs obligés de satisfaire les besoins, toujours du peuple.

Et qu'ils se montrent agens loyaux, bons serviteurs.

La vie, voilà le but : du pain, voilà le moyen.

Dans l'état frauduleux des choses, il y a seulement à aviser, à choisir ; ou de donner du pain, ou de ne pas ôter le pain.

Car jamais on ne s'est hâté quant au premier point, et jamais on ne s'est gêné quant au second : à cause que donner du pain, ou ne pas ôter le pain, semblait de même nuire au *non-peuple*.

Le parti sera bientôt pris.

Au lieu d'alléger l'impôt qui rogne et mange le nécessaire absolu, il plaira mieux de modifier les lois relatives à l'entrée des céréales : comme à l'effet d'obtenir le fléchissement, ou du moins de prévenir le rehaussement des prix.

Puis, après cet acte ostentatoire de libéralité,

on se tiendra quitte de donner du pain, directe-
ment dans la bouche ; on se croira libre de conti-
nuer à ôter le pain , indirectement de la bourse.

Examinons la mesure.

D'abord, il est à remarquer qu'en toutes ces
lois aujourd'hui exaltées jusqu'aux nues, et demain traitées avec mépris, il n'y a que néant :

Et cela par grand bonheur : attendu que leur
effet présumé s'il s'en était ensuivi, portait ici
plus de dommage que de faveur ailleurs.

Ainsi, les canaux, les chemins de fer, sauf pour
les houilles et les bois, ne recevront point de
charge : si bien que le roulage, frère utérin de la
charrue, ne cessera pas d'enrichir la culture, de
ses loyaux retours.

Ainsi les entrepôts n'entasseront point à Paris,
les provenances du tropique, à raison des frais
plus hauts : si bien que les ports de mer, pères
nourriciers de la population maritime, oublieront
même la peur et ne garderont que la colère.

Grace au Ciel, la loi des céréales est frappée
du même sort d'incapacité, d'inefficacité.

S'il devait lui être donné, comme on le croit
ou comme on le dit, de baisser sensiblement le
cours vénal des blés, ceci arriverait de force,
que la terre serait détournée à d'autres emplois
ou labourée avec moins de soin.

Et la guerre survenant en France, ou la disette
advenant en Crimée, les approvisionnemens des
marchés étrangers, ne viendraient plus couvrir

l'appauvrissement des ressources intérieures.

Même, si cette loi allait au premier moment, faire tomber rapidement le prix de l'hectolitre ; en juste rapport, l'incurie laisserait perdre des quantités de pain ; et la pénurie viendrait à s'assouvir outre mesure.

Evènement le plus sinistre, le plus déplorable : car dans les temps de faible récolte, l'épargne du ménage à dater de l'automne, peut seule garantir contre la famine au printemps ; et doit à elle seule fournir plus de secours que tous les arrivages du monde.

Il n'y a pas à le craindre.

La loi des céréales est une loi de faveur, non pas pour les consommateurs de France en général ; et plutôt pour les producteurs de Crimée, ou pour les spéculateurs, de Marseille, de Paris.

Les blés d'Odessa et de Tangarock, vont s'élever de 50 pour 0/0 peut-être, vont se niveler avec les blés de France, en raison de la quantité et de la qualité des farines.

Dans les premiers temps, l'abondance de la denrée, et la crainte des récoltes amèneront l'hectolitre à 27 fr. au lieu de 50 fr.

Mais après l'écoulement opéré, l'achat du marché primitif, comme le coût du frêt, étant conclus sur des termes plus hauts, atténueront la différence.

Encore, cet effet salutaire se bornera aux ports, aux côtes de la Méditerranée : et même ne se soutiendra sur ces points, qu'en ce qu'il ne s'étendra pas au-delà.

Car à mesure que les lieux sont plus distans ; d'une part, les frais de transport, viennent en addition aux prix d'achat ; tandis que de l'autre le cours plus faible du marché, vient en réduction du prix de vente.

Par exemple, à Lyon, l'hectolitre étranger reviendra à 5 fr. de plus qu'à Marseille : et l'hectolitre français s'y tiendra à 3 ou 4 fr. de moins.

Cela seul doit protéger l'approvisionnement des localités maritimes, à des taux plus doux.

Qu'est-ce donc que la Crimée? en population, en territoire, en capitaux ; elle n'équivaut pas à une moyenne province de France :

Tellement qu'après le prélèvement de sa propre subsistance, il n'en serait pas extrait le cinquantième de la consommation totale, pas l'approvisionnement d'une seule semaine.

Et les provenances de la Pologne sont arrêtées pour un temps : ou sont retenues pour la fourniture de l'Angleterre.

La loi soulagera les rives de la Méditerranée : mais la loi n'amènera pas en dehors de la Provence, et du Haut-Languedoc, les blés exotiques. Seulement elle refoulera les blés de Toulouse vers le Nord, et retiendra les blés de l'Ouest dans leur marche vers le Midi.

Là, son influence ne fera fléchir les prix, que de 2 fr. par hectolitre, et ici de 1 fr. environ.

Or le prix moyen de l'hectolitre étant de 22 fr., c'est moins d'un vingtième de baisse sur la matière brute; ce qui ne fait qu'un trentième au plus sur la matière œuvrée, les prix de façon et de débit restant les mêmes.

Le pain de quatre livres, au lieu de quinze sous, se vendra quatorze sous et demi.

A raison de deux pains par tête, chaque semaine, le bénéfice se bornera à un sou pour la semaine, à quatre sous pour le mois, à cinquante sous pour l'année.

Voilà pour les villes en premier lieu; et en second lieu, pour les contrées à grande culture, où il existe un marché à blé, où il y a un prix courant, une valeur vénale en fait de blés.

Comme ces contrées, en outre de leur consommation propre qui est à tirer hors ligne, ne fournissent que la subsistance des villes, c'est-à-dire du quart de la population française; il est rationnel d'estimer leurs produits au quart de la production totale.

Les trois quarts de la France restent donc en dehors : et là, il n'existe point de marché, point de vente, point de prix à l'égard des blés.

Là, chaque ménage, ou tout au plus chaque paroisse, vit de soi-même, et ne sème qu'à l'effet de manger, et ne mange qu'autant qu'il a été récolté.

Il n'importe aucunement à qui n'achète ni ne vend, soit en blés, soit en diamans, que les prix baissent et tombent à rien.

De plus , dans ces derniers pays , et le laboureur à journées, et le cultivateur de son champ , se nourrissent en grande partie de seigle et d'orge, dont le cours est à peine sensible aux variations du froment.

Ou même , en une forte portion , ils subsistent d'avoine et de blé noir, de maïs , de châtaignes et de pommes de terre , dont la valeur n'en est affectée en aucune façon.

Il faut conclure.

La loi quelconque n'aura d'effet, que sur la moitié du territoire, sur un quart du peuple : nuisant quelque peu aux grands propriétaires et gros fermiers ; profitant quelque peu aux ouvriers des villes et des campagnes.

La loi sera sans influence, dans l'autre moitié du territoire , quant aux trois quarts du peuple.

Et notez que ses faveurs s'offrent à l'aisance, se retirent devant la malaisance , comparativement parlant.

Ainsi qu'il arrive toujours sous le fatal empire de la fausse civilisation.

Mille et mille fois , ceci doit être dit et redit.

« Dans le sein de chaque peuplade agglomérée sur le même territoire et circonscrite par les mêmes limites, il se rencontre deux races distinctes, et fortement tranchées, et pleinement détachées.

« Là, il semble d'une nation de conquérans,

composant à elle seule la cité, exerçant le pouvoir, infligeant la loi.

« Ici, on croit voir une nation de tributaires,
éparpillée au hasard, dénuée d'intelligence, des-
tinée à subir, à pâtir.

« Au lieu de serfs enchaînés à la glèbe du sol,
ce sont des serfs enchaînés à la glèbe du fisc.

« Entre l'État soi-disant et ses prétendus membres, il n'y a rapport, il n'y a contact que par
l'intermédiaire de l'impôt, à payer d'un bord, à
recevoir de l'autre. » (*Le Pouvoir et le Droit.*)

Aussi, quant à ces derniers, les prescriptions
de la loi manquent leur effet : la loi les sert plutôt,
en s'imposant des restrictions à elle-même.

Il n'y a moyen de leur donner du pain : il est
besoin de ne pas leur ôter le pain.

Les deux races peuvent être caractérisées
comme ceci : que l'une fait la population, et que
l'autre fait la consommation.

Celle-là ne consommant qu'en nature de subsis-
tances, qu'à l'effet de prolonger la vie, qu'au point
de ne pas cesser d'être.

Au lieu que celle-ci consomme en nature de
jouissances, au-delà de l'entretien de l'existence,
en vue du contentement de l'être.

Deux modes fort différens de consommation :
le premier, dont il doit être fait abstraction,
comme étant un préalable obligé à la vie ; le second, qui doit être pris en considération, comme
étant un accessoire de l'existence.

La race de population ne présente à la juste action de la loi que des corps, ne se prête qu'à la
subvention en hommes.

Encore, de façon que la levée de quelque en-
fant, ne compromette pas le sort de la famille.

Au contraire, la race de consommation tient
à la disposition de la loi, des fonds ou des riches-
ses, appelle la rétribution en espèces.

Même, de manière que le prélèvement du tribut,
s'élève en son tarif, à raison de la facilité de
l'acquit.

Telles sont les indications données par la nature : comme aussi les injonctions dictées à la loi.

A l'exemple, à l'instar de la dîme, tout subside
devrait être perçu en nature de corps, où il n'y a
que des corps ; en nature d'écus, où il y a des
écus.

Car ainsi qu'il faut acheter des hommes, pour
livrer à la conscription, là où les hommes ne se
tiennent pas disponibles dans la famille ;

Ainsi, il faut acheter des écus pour verser aux
contributions, là où les écus ne se trouvent pas
disponibles dans la fortune.

Cela est vrai dans toute la rigueur de l'expression ; attendu que les individus qui vivent sur leur
bien ou de leurs bras, qui usent à peine de la voie
des échanges, sont contraints à l'échéance des
taxes, à vendre, au plus vil prix, tel effet de vêtement ou tel objet d'aliment.

Ayant dès lors à sacrifier pour un paiement,

identique en valeur monétaire, une somme su-
périeure en valeur réelle.

D'où cette conséquence s'ensuit en théorie, et
un jour ou l'autre s'ensuivra en pratique, sauf à
pousser à la ruine ou à la révolte, la masse nationale :

Que la totalité du subside en espèces, est à
prélever sur la race de consommation ; comme la
totalité du subside en hommes, est à lever sur la
race de population.

Mesure d'autant plus urgente en justice, que
dès à présent, au moyen des faveurs arbitraires
dont jouit celle-là, ce dernier subside retombe
presque en entier, sur celle-ci ; sans qu'elle soit
aucunement soulagée quant au premier.

Si ces choses ont encore besoin d'être exposées,
c'est que l'ignoble égoïsme appelle à son aide les
sophismes décevans, et les érige en axiomes
sacrés.

En vain, il est maintenant reçu que la consommation productive ne doit être gênée par aucune
entrave, ni grevée d'aucune charge.

On a appris avec le temps, on a été amené après
de longues épreuves, à laisser s'introduire du
dehors, et circuler au-dedans, en pleine liberté,
toutes les matières premières ; soit au titre d'alimens, ou au titre d'instrumens de cette sorte de
consommation.

Par la raison, qu'au contraire de la consommation stérile qui met à néant ; celle-ci, ou la con-

sommation féconde, met au jour, met en valeur :
l'une appauvrissant, et l'autre enrichissant le fonds
capital de la société.

Cependant il n'a pas été encore conçu, qu'il
existait aussi une certaine sorte de consommation,
tout-à-fait analogue en ses fins, bien que différente
en ses voies.

C'est d'abord la consommation productive en
choses ; c'est ensuite la consommation productive
en hommes, ou la consommation nutritive.

Celle-là a pour matière première, les produits
bruts de la nature, qui sont susceptibles d'être
soumis au travail, d'être mis en œuvre.

Celle-ci a pour matière première, les produits
du sol et de l'art, qui sont capables d'entretenir
la vie, de soutenir les forces, de maintenir le
travail.

Ces produits consistent dans les objets d'aliment, de vêtement, de logement, etc., du genre
commun et grossier, jusqu'à due concurrence du
nécessaire absolu.

A l'égard des objets d'aliment, à la fois les plus
nécessaires et les plus difficiles à se procurer,
l'estomac fait l'office de la mécanique adaptée à
l'industrie ; et les recevant à l'état de première
façon, les travaille, les porte au point de la der-
nière façon.

Or c'est sottise pure, que de traiter ce genre de
matières affectées à l'usage de la consommation
nutritive ; autrement que le genre de matières ap-

pliquées aux emplois de la consommation productive.

Et c'est forfait réel, attendu qu'à l'entrée dans
la société, tout homme est à titre égal et de pareille
valeur ;

Attendu qu'en outre de la lésion du contrat
social, il y a violation de l'ordre naturel, il y a
oppression de l'être sensible ; dont la souffrance
morale est à apprécier, même par de là la souffrance physique (1).

Certes, il y a de quoi faire réfléchir, si la faculté n'en est pas éteinte ; de quoi faire revenir sur
ses pas, si la cupidité ne s'y oppose.

« L'homme est né pour vivre ; il s'est associé
pour vivre.

« Le laisser vivre est un devoir ; l'aider à vivre

---

(1) Il paraît qu'en un certain bureau des douanes, ces
principes sont loin d'être admis.

« Le droit qui frappe le sel ne *devrait* atteindre que la
portion qui va réellement à *la consommation alimentaire*.....

« L'impôt marche vers son but *naturel*: c'est-à-dire qu'il
ne frappera bientôt plus que le sel qui entre dans *la consommation alimentaire*.....

« Quand le sel, qu'absorbe *la consommation alimentaire*
sera seul soumis à l'impôt, on l'aura mis, *quel que soit son
taux*, à l'abri de toute *critique* sérieuse. » (Note sur l'impôt du sel publié par l'administration des douanes.)

En effet, qui donc se plaindrait?

L'impôt est assis sur la consommation alimentaire. Il suffit
de s'alimenter sans consommer, ou de consommer sans s'alimenter, pour être quitte de l'impôt.

est un devoir; lui donner à vivre est un devoir. »
(*De la limite de l'impôt*, 1829.)

Devoirs alternatifs, l'un à défaut de l'autre; devoirs progressifs, l'un à la suite de l'autre.

Devoirs, dont les deux derniers sont de l'ordre relatif, étant restreints sous les limites de la possibilité.

Dont le premier est de l'ordre absolu, planant et dominant des hauteurs de la nécessité.

Il n'est question que de celui-ci.

L'état est tenu à laisser vivre, à ne pas empiéter sur la vie, à ne pas ôter le pain.

Même il doit respecter l'aliment reproductif des forces, au-delà de l'élément productif des valeurs.

Voilà la loi, en ce qui concerne l'homme pris à part, saisi à l'écart des autres.

Voici la loi, en ce qui se rapporte aux hommes réunis entre eux, ralliés les uns aux autres.

Ici, ce n'est plus un droit absolu qui naisse avec l'homme : ce sont des droits relatifs qui s'enfantent parmi les hommes.

Il y a contrat, il y a pacte : tacite sans doute; et néanmoins palpable.

Assez et trop, le cours naturel des choses tend à altérer les conditions, à effacer les prescriptions.

De sorte ou d'autre, il faudra subir la fatalité des destinées humaines.

Alors que les révolutions sociales, comme celles de 1789, osent intervenir avec violence, la peine terrible ne tarde pas, et les déplorables suites se prolongent.

Justement pour ne pas s'exposer à de telles extrémités, le concours artificiel des lois, au lieu de s'allier au cours naturel des choses, est appelé à le diriger, à le tempérer.

L'esprit des lois doit être d'offrir recours, de porter secours aux classes de la société, sur lesquelles pèse l'ordre des choses.

« Eh ! qu'importent les lois politiques, à qui n'exerce pas de droits ; les lois civiles, à qui ne possède pas de biens ; les lois pénales à qui ne commet pas de délits.

« Quant au peuple, il n'y a qu'une loi : la loi de l'impôt. » (*La Vérité économique.*)

En résumé, tout combat contre la civilisation vraie, ou commune, ou générale ; autrement contre le progrès uniforme, universel de l'aisance et de l'intelligence, ralliées sous l'égide des mœurs.

Soit le coup violent des crises, soit le cours insensible des choses, soit le concours malencontreux des lois.

D'abord, toute révolution contracte une dette immense envers la masse nationale, et parce qu'elle a emprunté ses forces, et parce qu'elle lui a enlevé des ressources.

Ensuite, toute législation est astreinte à balancer, à neutraliser la tendance accoutumée, invétérée de l'association active , au détriment de l'agglomération passive.

La révolution actuelle est d'autant plus endettée vis-à-vis la vraie civilisation , à raison de ce qu'elle l'a surprise en sa marche, de ce qu'elle a coupé ses espérances.

Et elle inspire, elle commande la législation ; de manière à devenir responsable de l'acquittement.

On ne peut le nier. L'idée vague du devoir revient parfois ; même quelques velléités d'action apparaissent.

Mais comme il vient d'être exposé : la loi ne peut rien, qu'en s'abstenant en ses actes , qu'en s'échappant de ses voies.

La loi n'est que trop puissante à semer le germe du mal ; elle est impuissante à mûrir les fruits du bien.

La loi , dans l'ordre social tel qu'il est , n'a de prises sur la presque totalité du peuple, que pour lui ravir et non pour le servir.

D'où la dette sacrée n'est susceptible d'acquit que par les voies d'allégement des charges fiscales ; ou plutôt par le remaniement général des impôts , de façon à mieux répartir le poids sans diminuer la somme.

Voilà tout ce qu'il y a à faire : non sans mettre un prix à peu près pareil à la libération des moyens productifs de richesse , comme à celles des moyens nutritifs d'existence.

C'est-à-dire que la consommation productive

en fait de choses, doit être dégagée de toute entrave : en même temps que la consommation productive en fait d'hommes, ou la consommation nutritive, doit être dégrevée de toute taxe.

Car ces deux points se rallient et se confondent : la consommation nutritive ne devant obtenir l'aliment, qu'autant que la consommation productive vient en fournir la valeur.

« Le vice de l'impôt se manifeste en deux façons : tantôt par la spoliation d'une part du produit, lequel était à peine suffisant pour remplir les nécessités de la vie.

« Tantôt par la soustraction d'une part du travail, lequel était à peine capable de subvenir à ces mêmes nécessités.

« Dans les deux cas, la loi est coupable.

« En premier lieu, elle ne fait tort qu'à l'individu qui manque à vivre.

« En second lieu, elle fait tort en outre, à la société même qui manque à jouir. » (*De la Limite de l'Impôt.*)

En corrigeant sous ces deux points de vue, le système de l'impôt : d'une part, on rentre dans la loi naturelle dont l'ordre social tend toujours à s'écarter.

« L'homme est investi à l'instant de sa naissance, comme par un titre originel, du droit de vivre : et ce droit inhérent, indélébile le suit sous toutes les formes de la société.

« Les nécessités de la vie n'entrent point dans

la mise du fonds social, ne ressortent point des lois fiscales.

« La matière imposable n'existe que dans la rente ; c'est-à-dire dans le revenu libre et disponible qui s'établit après la distraction des frais consommés dans la production de l'œuvre, et des dépenses obligées pour la reproduction du travail. » (*Quelques vues sur les finances*: 1815.)

Tandis que d'autre part, on marche dans les routes ouvertes sous l'influence des lumières progressives ; ou trop souvent la société avance d'un pas et recule de deux.

« Le travail s'est saisi du sol, l'a couvert de fruits : il a fallu des coutumes, des lois pour que ses avances ne fussent pas perdues.

« La semence est jetée en vue de la récolte : le travail a fourni la semence : la société a garanti la récolte.

« La société a donc été instituée par le travail ; est donc fondée sur le travail.

« L'homme a créé le travail ; le travail a créé la société.

« Le travail doit être considéré en vue de l'homme ; et la société doit être considérée en vue du travail. » (*La Loi des Circonstances*: 1830.)

Ces passages retracent la loi absolue, et la loi relative de l'ordre social.

Mais donner du travail, autrement donner du pain, trop souvent se rencontre en dehors du cercle des possibilités.

Au contraire, ne pas ôter le travail, ne pas ôter le pain, s'y tient constamment, imperturbablement.

Car, il ne s'agit d'autre chose, sinon que l'État s'abstienne d'ériger ou de proroger des taxes tendantes à produire, ou ces deux effets ensemble, où seulement l'un ou l'autre.

Dans les temps actuels, l'ascendant de l'industrie est tel, que l'impôt se rend rarement coupable sous le premier rapport.

Sauf néanmoins à l'égard de certains points, dont l'intérêt est insignifiant en détail, bien qu'immense en masse; qui ne lui semblent pas mériter sa protection.

Comme aussi, par l'effet même de cet ascendant, l'impôt est trop souvent repoussé de tel ou tel bord, et par conséquent est amené à se rendre coupable sous le second rapport.

On n'en finirait pas, à dénombrer tous les cas; où la fausse civilisation opprime la vraie civilisation; où, sous les dictées de l'industrie, patrone de la première, la charge retombe sur l'infortune, pupille de la seconde.

« Les tarifs fixes qui jouent du millième au dixième, entre le riche et le pauvre.

« Les droits fixes sur les boissons du peuple, qui s'alourdissent en raison de la pénurie.

« Le port des lettres qui intercepte les communications parmi les classes peu aisées.

« Les portes et fenêtres qui contraignent à se priver de l'air et du jour.

« L'impôt mobilier et personnel qui dîme sur l'insuffisance de la vie.

« L'impôt foncier qui préssure le propriétaire vivant à peine sur sa récolte.

« La taxe du sel qui pèse surtout dans les campagnes les plus misérables.

« Desquelles taxes, les neuf dixièmes pour l'impôt personnel et l'impôt du sel ; les quatre cinquièmes pour les boissons communes et les portes et fenêtres, sont acquittés par l'immense majorité en nombre, par l'immense minorité en fortune de la population française.

« Bien qu'il dût suffire d'une épargne de 100 millions peut-être, pour les réduire en somme, ou restreindre leur assiette :

« De sorte à dégréver quatre millions de familles, y compris les faux frais, de 20, 30 et 40 fr. par an.

« Ce qui fait en général, la valeur de trente journées de travail : et eu égard au chômage des bras, pendant le bas âge des enfans, le dixième ou même le huitième du fonds de l'entretien de la famille. » (*De l'Amortissement :* 1831.) -

Or d'où vient qu'il en est encore de même, sinon parce que cela n'est pas connu, n'est pas senti.

Car qui donc serait capable de défendre une telle violation, et de la loi politique et de la loi morale, ou plutôt de la loi sociale, qui naît de leur alliance à titre égal.

« Le travail est le principe générateur, et de

l'existence personnelle, et de la fortune publique.

« Aussi la règle, la seule règle de l'impôt consiste à ne pas arrêter son mouvement, à ne pas écarter son aliment, à ne pas altérer son instrument.

Et son aliment, c'est la matière brute : son instrument, c'est l'homme viril.

« De là, toute substance productive doit être exempte de taxe, en deça de la main-d'œuvre finale.

« De là, tout être productif, doit être quitte de charge, en deçà du fonds des nécessités vitales.

« L'homme a le droit de vivre : c'est un crime d'y attenter.

« L'homme a le pouvoir de produire : c'est une faute de l'entraver.

« Autrement, le devoir, l'intérêt, sont trahis en même temps.

« Donc, quand les conditions de la vie sont à peine suffisantes, nul impôt n'est légitime.

« Donc, comme les conditions de la vie sont fort dissemblables, tout impôt à tarif fixe, est inique. » (*De la Loi économique.*)

FIN.

IMPRIMERIE D'A. PIHAN DELAFOREST, RUE DES NOYERS, N° 37.

9 782019 279622